How People Download And Movies Onto A Torrents

BY
Matthew Silva

Step One.

The first thing that is done by anyone who is trying to download free video games and also free movies is that they are making sure thay the have a very good anti virus protection on there pc. It is very important an any case that you have an antivirus program installed. So whatever one chooses to install on a computer make sure that one has a reputable antivirus protection before continuing on with any further steps.

Step Two.
 The next thing needed to be done is to download Utorrent onto A PC. When a computer has the program Utorrent than it is Enableing the computer to accept torrents and be able to download them. It is very easy in order to find Utorrent, You can find this program through a simple google search. Once you find Utorrent through a google search than you can follow the simple step through the Utorrent website in order to download onto your PC.

Step Three.
 Next thing to do is to visit a website called thepiratebay. Now one can find piratebay by a simple google search also. Once a person has located thepiratebay he/she needs to decide what they want to download, once decided than move on to next stage.

Step Four.
 Now that has been decided whether or not to download a T.V show or a Movie or a Video Game. There is a different process that needs to be taken for each. These processes will be explained in the next steps.

Step Five.
        If they have decided that they want a T.V show or a movie that than make sure that one is on the home page of thepiratebay. On thepiratebay home page you will be able to check out of seven selections All Audio Video Applications Games Porn Other . To Download A T.V show or a movie the next thing to do is to check the box under video, than search for the video that needs to be downloaded onto a PC. The search bar will be labeled pirate search. Once the search has been complete the best way to get to the best download available is to download the download with the most seeds available. In order to find the down load with the most seeds available you will want to click the SE Link in this search bar towards the top of th screen.

Type   Name (Order by: Uploaded, Size, ULed by, SE, LE) View: Single / Double
SE   LE

When this Link is clicked it will order your seeds from random to greastest to least.

Once this is done, it is best to select a download with a good amount of seeds. Once one sees a download that is at the top of the list that matches the name of the download trying to be obtained. Now that they have clicked the correct download thepirate bay will bring the PC to a new screen which is where the link to the download is. It is easy to become confused with so many different ads and links popping up everywhere. The correct link to the download will look something like this.

Next to get this Torrent will be a small magnet. Next to Anonymous download will be a lock. The best thing to click is get this torrent. Once get this torrent is cliked the PC will be auto directed to Utorrent in which the best thing to do is to click ok and respond to the neccessary prompts in order to get the download onto Utorrent. The next thing to do is to wait for the torrent to be finished downloading double click on this torrent and this will take the PC to the torrent. Double click on the movie or video one wants to watch and enjoy!!!

GET THIS TORRENT ANONYMOUS DOWNLOAD

Step 6.
	If one has decided that they want to download a Video game than the steps are a bit different than a movie. Video games are a little bit more selective but can also be download-ed for free. The first thing to do is to reach the home page of thepiratebay. once the homepage of thepiratebay is reached one will need to find the few links above the search bar. They should look something like this.
Search Torrents | Browse Torrents | Recent Tor-rents | TV shows | Music | Top 100

The best thing to do is to click the link Browse Torrents. Once browe torrents link is click thepiratebay will redirect to a page that will have a few links. You will want to look at the links under games. Than click the first link under games which is labeled PC. Once one is in the Games list page one needs to redefine the search to find the most seeds available. In order to find the down load with the most seeds avail-able one will want to click the SE Link in this search bar towards the top of the screen. Now that the list is in the order of seeds greatest to least finding a game is a little selective. One may want to try out different games and explore for themselves which they find best to download. From my experience I have found games un-der this name to work the best and right away ^^nosTEAM^^.

^^nosTEAM^^ usually has the best games ready available and easy to download. Once one has found the correct video game download under ^^nosTEAM^^ than you will be redirected to the webpage at which you need to find get this torrent link with a small magnet next to it. Click the link and follow the prompts through Utorrent. Once the download has finished one can double click on the download which will take one to the file where one can install and play the video game.

En este libro voy a estar diciendo cómo la gente y cómo se puede descargar juegos de video y películas en un PC de forma gratuita . Hay muchas personas que están jugando allí video-juegos favoritos y ver que hay programas de TV favoritos con solo descargar algunos programas sencillos que le da acceso a una cantidad infinita de datos. Hay algunas cosas que se hacen para que la gente consiga las mejores descargas , sin ningún tipo de molestia y sin virus. Hay que tener cuidado acerca de qué archivos se descarga debido a los virus en Internet. También es siempre muy importante contar con un programa anti virus instlled en su PC .

Theese son los pasos importantes que la gente tienen una orden para obtener los juegos de video gratuitas y mucho más.

Paso uno .

Lo primero que se hace por cualquier persona que está tratando de descargar juegos de vídeo gratuito y también películas grátis es que ellos se están asegurando de thay al tener una muy buena protección contra el virus de la existencia de la PC . Es muy importante un todo caso de que usted tiene un programa antivirus instalado. Así que cualquier cosa que uno opta por instalar en un ordenador, asegúrese de que uno tiene una protección antivirus de buena reputación antes de continuar con cualquier otra medida .

Paso Dos.
La siguiente cosa que había que hacer es descargar uTorrent en un PC. Cuando un equipo tiene el programa de escaso consumo de recursos que se enableing el equipo para aceptar torrentes y poder descargarlos. Es muy fácil para encontrar escaso consumo de recursos, puede encontrar este programa a través de una simple búsqueda en google. Una vez que encuentre escaso consumo de recursos a través de una búsqueda en Google de lo que puede seguir el sencillo paso a través de la página web de escaso consumo de recursos con el fin de descargar en tu PC.

Paso tres.
Lo siguiente que debe hacer es visitar un sitio web llamado thepiratebay. Ahora uno puede encontrar piratebay por una simple búsqueda en google también. Una vez que una persona ha localizado thepiratebay él / ella tiene que decidir lo que quieren para descargar, una vez decidido que pasar a la siguiente etapa.

Paso Cuatro.
Ahora que se ha decidido si desea o no descargar un programa de televisión o una película o un videojuego. Hay un proceso diferente, que hay que tener para cada uno. Estos procesos serán explicados en los próximos pasos ..

Paso Cinco.
Si han decidido que quieren un programa de televisión o una película que de asegurarse de que uno está en la página principal de thepiratebay. En la página principal thepiratebay usted será capaz de revisar de siete selecciones Todas Video Aplicaciones Juegos Porno Otros. Para descargar un programa de televisión o una película de la próxima cosa a hacer es comprobar la caja debajo de video, de búsqueda de vídeo que necesita ser descargado en un PC.

La barra de búsqueda se etiquetará búsqueda pirata. Una vez que la búsqueda se ha completado la mejor manera de llegar a la mejor descarga disponible es descargar la descarga con la mayor cantidad de semillas disponibles. Con el fin de encontrar la carga hacia abajo con la mayor cantidad de semillas disponibles que usted tendrá que hacer clic en el SE Enlace en esta barra de búsqueda en la parte superior de th pantalla.

Al hacer clic en este enlace ordenará tus semillas de azar para greastest a menor.

Una vez hecho esto , lo mejor es seleccionar una descarga con una buena cantidad de semillas. Una vez que uno ve una descarga que está en la parte superior de la lista que coincide con el nombre de la descarga tratando de obtener. Ahora que han hecho clic en el bay Descarga thepirate correcta traerá el PC a una nueva pantalla que es donde el enlace a la descarga . Es fácil confundirse con tantos anuncios y enlaces apareciendo por todas partes diferentes . El enlace correcto para la descarga se verá algo como esto.

Junto a conseguir este torrent será un pequeño imán. Al lado de Anonymous descarga será una cerradura. Lo mejor que puedes hacer clic es conseguir este torrent. Una vez que recibe este torrente se cliked el PC se auto dirigido al escaso consumo de recursos en el que lo mejor que puede hacer es hacer clic en Aceptar y responder a los mensajes neccessary el fin de obtener la descarga en escaso consumo de recursos . Lo siguiente que hay que hacer es esperar a que el torrente que se terminó la descarga , haga doble clic en este torrente y esto tomará el PC al torrente. Haga doble clic en la película o el video se quiere ver y disfrutar !

Paso 6 .
Si uno ha decidido que quieren descargar un juego de vídeo que los pasos son un poco diferente a una película. Los videojuegos son un poco más selectivo , pero también se pueden descargar de forma gratuita. Lo primero que hay que hacer es llegar a la página de inicio de thepiratebay . una vez alcanzada la página de inicio de thepiratebay uno tendrá que encontrar los pocos vínculos por encima de la barra de búsqueda. Deben ser algo como esto .
Buscar Torrents | Explorar Torrents | Torrents Recientes | programas de televisión | Música | Top 100

Lo mejor que puedes hacer es hacer clic en el enlace Explorar Torrents . Una vez que enlace torrentes Browe es pulsar thepiratebay redirigirá a una página que tendrá unos pocos enlaces . Usted tendrá que buscar en los enlaces debajo de los juegos . Que haga clic en el primer enlace en Juegos que se etiquetan PC. Una vez que uno está en la página de la lista de juegos que uno tiene que definir una nueva búsqueda para encontrar la mayor cantidad de semillas disponibles. Con el fin de encontrar la carga hacia abajo con la mayor cantidad de semillas disponibles uno querrá hacer clic en el SE Enlace en esta barra de búsqueda en la parte superior de la pantalla. Ahora que la lista está en el orden de las semillas de mayor a menor encontrar un juego es un poco selectiva . Uno puede querer probar diferentes juegos y explorar por sí mismos los que mejor se encuentran para descargar . Desde mi experiencia he encontrado juegos bajo este nombre a trabajar mejor y de inmediato ^ ^ ^ ^ nosTEAM .

^ ^ ^ ^ nosTEAM suele tener los mejores juegos de mano disponible y fácil de descargar. Una vez que uno ha encontrado la descarga de videojuegos correcta bajo ^ ^ ^ ^ nosTEAM de lo que va a ser redirigido a la página web a la que usted necesita para encontrar recibe este enlace torrent con un pequeño imán al lado de él. Haga clic en el enlace y siga las indicaciones a través de escaso consumo de recursos. Una vez finalizada la descarga se puede hacer doble clic en la descarga que se llevará a uno en el fichero donde se puede instalar y jugar el juego de video.